Original title: Mann und Frau

Author: Luise Luik
Editor: Jessica Elisabeth Luik
ISBN 978-9916-39-184-6

Mann und Frau

Luise Luik

Labyrinth der Blicke

In den Windungen der Augen,
Verirrt sich der stille Traum,
Gefangen in den Momenten,
Entflieht wie Sichelrauch.

Jeder Blick ein neuer Pfad,
Versprechen hinter Glas,
Suchend in des Anderen Seel',
Findet Ruhe im Gras.

Blicke kreuzen sich im Schweigen,
Geschichten ohne Wort,
Jedes Auge hält das Labyrinth,
Wo unsichtbarer Faden fort.

In Blicken liegt Wahrheit versteckt,
Erkennen und doch flieh'n,
Im Labyrinth gefangen sein,
Und doch das Licht dort zieh'n.

Verschlungene Wege

Durch Wälder tief und dunkelgrün,
Die Wege sich verschlingen,
Unsichtbare Fäden zieh'n,
Die unser Schicksal umschlingen.

Schritt für Schritt, Hand in Hand,
Durch Zeiten und Gezeiten,
Verschlungene Pfade im Sand,
Die uns zu neuen Ufern leiten.

Kein Wegweiser, keine Karte,
Nur der Mond am Himmelszelt,
Wir folgen still der eignen Sparte,
Verbunden mit der ganzen Welt.

Vertrauen in das Ungewisse,
Jeder Schritt ein neuer Klang,
Verschlungene Wege, süße Küsse,
Das Leben spielt seinen eigenen Gesang.

Strahlen der Zweisamkeit

Zwei Sterne in der Nacht entbrannt,
Strahlen hell im Dunkeln,
Zweisamkeit im Einklang strand,
Lassen Welten funkeln.

Ihre Bahn so klar und rein,
Durch die Ewigkeiten,
Jeder Strahl ein Liebeszeichen,
Will die Nacht begleiten.

Hände halten feste sich,
Im Glanz der Sternenstunden,
Zweisamkeit das stille Licht,
Hat in uns gebunden.

Zusammen durch das All wir treiben,
In der Liebe Schwerelosigkeit,
Strahlen, die für immer bleiben,
Symphonie der Zweisamkeit.

Horizonte vereint

Weit, wo Himmel Erde küsst,
Horizonte sich versprechen,
Zwei Seelen, die sich nie vermisst,
Ihre Welten überecken.

Gemeinsam schau'n wir in das Weit,
Grenzenlos die Träume fliegen,
Geteilte Freude, einfaches Leid,
Neue Horizonte siegen.

Zusammen stark im Morgenrot,
Wie zwei Flüsse sich vereinen,
Fließen ins gleiche Lebensboot,
Lassen keinen zurück alleine.

Zwei Horizonte, Hand in Hand,
Verschmelzen am Meer des Seins,
Vereinter Blick, gemeinsames Land,
Zusammen sind wir eins.

Vergessene Melodien

In stillen Gassen, leise, verloren,
Tanzten einst Noten, melodisch geboren.
Doch der Zeit Flüstern hat sie verjagt,
Nur der Mond kennt die Lieder, die keiner mehr fragt.

Einst sang der Wind in Echos Spiel,
Die Sterne lauschten im nächtlichen Kiel.
Doch Schweigen deckt die vergessene Weis,
Im Dunkel verweht, so leise und leis.

Geister der Musik, im Zwielicht erwacht,
Klingen durch Ruinen der vergangenen Nacht.
Wo sind sie hin, die alten Refrains,
Versunken in Welten, die niemand mehr kennt?

Träumer und Wächter

Im Schein der Nacht, wo Träumer wandeln,
Wächtern des Schlafes sanfte Gestalten handeln.
Sie weben die Träume, so bunt und so licht,
Schützen die Schlummernden, bis der Tag anbricht.

Durch den Nebel der Sterne, so klar und so weit,
Schweift der Träumer Blick, jenseits der Zeit.
Doch der Wächter hält Wacht, stetig und still,
Im Reich der Träume, wo er sie formen will.

Wo die Gedanken frei wie Vögel fliehn,
Mag der Wächter die Pfade der Ruhe ziehn.
Gemeinsam bauen sie Welten aus Mondenschein,
Für die Seelen, die nachts nicht alleine sein.

Im Fluss der Zeit

Im Fluss der Zeit, so mächtig und weit,
Trägt uns das Wasser, fort in die Ewigkeit.
Jedes Korn Sand, ein Moment, ein Gedanken,
Wir schweben dahin, in den zeitlosen Schranken.

Der Moment uns umarmt, im rasenden Lauf,
Wir spüren den Wind, und die Jahre ziehn auf.
Die Erinnerung strömt, sie fließt und sie rinnt,
Und malt unsere Geschichten, wie das Wasser so geschwind.

So treiben wir weiter, durch Tage und Nacht,
Mit Hoffnungen, Ängsten, vom Schicksal bedacht.
Doch im Fluss der Zeit, unendlich und klar,
Finden wir Ruhe, irgendwann, irgendwo, irgendwar.

Zwei Kerzen im Wind

Zwei Kerzen im Wind, flackern so sacht,
Ihre Flammen umtanzt von der Dunkelheit Macht.
Sie widerstehen, leuchten durch stürmische Böen,
Ein Symbol der Liebe, die niemals wird vergehen.

Zusammengeführt durch ein ungesagtes Band,
Erzählen sie Geschichten aus einem fernen Land.
Ihr Licht, es verschmilzt in der Schwärze der Nacht,
Hält zusammen, was das Schicksal zusammengebracht.

Im Tanz der Schatten, im Schein so mild,
Berühren sie Herzen, so zärtlich, so wild.
Zwei Kerzen im Wind, trotzen dem Sturm,
In ihrem Glanz, da erkennen wir, Liebe ist kein Irrtum.

Im Flüstern des Waldes

Tief im Grün, wo Schatten walten,
Lauscht man leise, atemhaltend,
Baum zu Baum Geschichten webt,
Im Einklang die Natur belebt.

Unter Blätterdächern, sacht,
Wo das Moos noch Träume facht,
Flüstert Wind in alten Wipfeln,
Wiegt die Seele sanft in Zipfeln.

Wurzeln, fest in Erde grabend,
Kraftvoll und doch liebehabend,
Tragen still die Last der Zeiten,
Wildes Wachsen, frei von Streiten.

Vogelruf durchbricht die Stille,
In des Waldes eigenem Wille,
Harmonie im ew'gen Kreis,
Flüstern, das uns leise weist.

Zauber eines Augenblicks

Ein Augenblick, so flüchtig zart,
Bewegt das Herz, so schwer, so hart,
Ein Lächeln, kurz, im Sonnenstrahl,
Zerschmilzt des Tages rauhe Wahl.

Die Zeit, sie scheint stillzusteh'n,
Im Glanze eines Auges Weh'n,
Ein Funke, der im Nichts entfacht,
Hat oft das Dunkel mild gemacht.

Zwischen Sekunden, leise, rein,
Dort mag die Ewigkeit wohl sein,
Ein Atemzug von süßer Lust,
Gefangen in der Seele Brust.

Gefühle, die in Sprache fehlen,
In jenem Blick jedoch erzählen,
Von tiefer Sehnsucht, stiller Pracht,
Ein Zauber, der die Nacht entfacht.

Im Spiegel des Anderen

Spiegelbild in deinen Augen,
Zeigt mir selbst, lässt mich erstaunen,
Wer ich bin und wer ich war,
Dein Blick macht es mir offenbar.

In der Tiefe jener Spiegel,
Findet Seel' ihren Vergleich wohl,
Ich in dir und du in mir,
Zerrbilder klären, wir in Wir.

Lächeln, das sich doppelt fängt,
Leid, das zweimal Tränen drängt,
In des Anderen Antlitz sehen,
Was in uns mag auferstehen.

Was wir sind, durch dich erkannt,
Zarte Bande, uns verbannt,
In des Spiegels stummer Frage,
Gemeinsam tragen wir die Tage.

Im Schatten der Zärtlichkeit

Im sanften Schein der Morgenröte,
Still und sacht, wie Flügel wehen,
Liegt die Welt in Zärtlichkeiten,
Schatten tanzen, ohne zu sehen.

Zarte Hände, leise berühren,
Lippen finden sich im Dunkeln,
Herzen flüstern süße Schwüre,
Lassen uns in Liebe funkeln.

Unter dem Dach der Sternennacht,
Zärtlich sich zwei Seelen wiegen,
Im Schatten der Zärtlichkeit,
Träume in die Weite fliegen.

Gefühle wachsen, tief verwurzelt,
In der Stille zart entfacht,
Im Schatten der Zärtlichkeit,
Hat die Liebe Macht.

Hände, die sich suchen

Hände strecken sich, verloren,
In der Leere, stumm im Raum,
Tasten nach einander, zögernd,
Wie im dunklen Traum.

Berge können sie nicht trennen,
Nicht die Weite, noch das Meer,
Hände, die sich suchen, finden,
Liebe ist so schwer.

Zärtlich wie das erste Blühen,
Fühlen sie des anderen Haut,
Hände malen Liebesgeschichten,
Hoffnung wird erbaut.

In der Stille lauschend, suchend,
Greifen sie nach Sternenschein,
Hände, die sich finden, binden,
Wollen ewig sein.

Ewige Verbundenheit

Von Sturm und Zeit unberührte Bänder,
Binden uns in ewige Verbundenheit,
Ein unsichtbares Seil aus Liebe,
Hält fest durch jede Schwierigkeit.

Gemeinsam durch die Jahreszeiten,
Händehalten stark, als Einigkeit,
In Augen lichter Hoffnung leuchtend,
Trägt uns durch den Raum und Zeit.

Im Wirbelwind des Lebens tanzen,
Zwei Herzen in Beständigkeit,
Die Seelen eng umschlungen,
Versprechen ewige Zweisamkeit.

Verwurzelt wie ein alter Baum,
Gibt Schatten uns bei Sonnenleit',
Verbundenheit in Liebe getaucht,
Besteht bis in die Ewigkeit.

Masken des Begehrens

Im Maskenball des Begehrens,
Wo Blicke sich geheimnisvoll umgarnen,
Tanzen Sehnsüchte wild versteckt,
Hinter Fassaden, die Herzen erwärmen.

Fingerspitzen, sanft entlang der Masken,
Streben nach dem wahren Gesicht dahinter,
Lippen, die im Flüstern sich bekennen,
Im Spiel der Masken, da ist man der Gewinner.

Doch wenn die Nacht den Vorhang hebt,
Neigt sich der Tag dem stillen Ende,
Fallen die Masken, fällt die Scheu,
Und wahres Begehren, in den Händen.

Im Kerzenlicht die Wahrheit leuchtet,
Zwei Menschen sich im Echten finden,
Masken des Begehrens nun entfallen,
Die Liebe kann nun echt entzünden.

Mosaik der Gefühle

Ein Farbenspiel in tiefster Seele,
Gefühle wirbeln, tanzen, spielen,
Ein jedes Bild, ein andrer Teil,
Gefasst im Rahmen zu verheilen.

Getönte Träume, matte Scherben,
Zusammenfügt zu neuem Ganzen,
Ein Mosaik aus Freud' und Schmerzen,
Voll Hoffnung in des Lebens Tanzen.

Gebrochen Licht durchs Gläserkleid,
Erzählt von stillen Sehnsuchtsräumen,
In jedem Splitter, bunt verstreut,
Lieg'n tausend unentdeckte Träume.

Die Zeit, sie formt mit sanften Händen,
Das Bild, das niemals ganz verweilt,
Im Mosaik der Gefühle brennen,
Geschichten, die das Herz ereilt.

Stille Symphonie

Im Flüstern des Waldes, im Rauschen des Wind,
Die Welt sie spielt auf, ganz leis' und geschwind,
Ein Reigen der Töne, der Stille entweicht,
Eine Symphonie formt sich, so zart und so leicht.

Die Blätter, sie tanzen in stiller Musik,
Ein Jeder für sich und doch im Publik,
Der Bach singt leise seine Melodie,
Begleitet die Stille mit seiner Harmonie.

Der Vogel, er lauscht und stimmt sanft mit ein,
Sein Lied, es webt sich fein in den Reigen hinein,
Natur's stille Symphonie, wächst Organ für Organ,
Unsichtbares Orchester, das niemals begann.

So horche doch still und vernimm diesen Klang,
Der unendlich spielt ohne Applaus und Gesang,
Eine Welt voll Musik, trägt dich durch die Zeit,
Die Stille Symphonie, voll Unendlichkeit.

Im Lichtertanz der Sterne

Am Firmament, so weit und klar,
Tanzt jedes Sternlein offenbar,
Im Lichtertanz der Sterne weit,
Erhell'n sie uns're Dunkelheit.

Gleitend in des Himmels Pracht,
Ein sanftes Funkeln durch die Nacht,
Die Welt scheint still, die Zeit steht sacht,
Unter'm Sternenflor erwacht.

Sie wispert Lieder alter Zeit,
Erzählen von Unendlichkeit,
Im Lichtertanz, der nie versiegt,
Hat jeder Stern sein Glück gewiegt.

So steh und schau zum Himmelszelt,
Die Sternentänzer, Helden der Welt,
Im Lichtermeer so hell und groß,
Tanzen sie frei, von Bindung los.

Kreuzende Schicksale

Auf Lebenstraßen, weit und lang,
Kreuzend, führt der Schicksale Gang,
Zwei Wege sich berühren sacht,
Und fügen Neues in die Nacht.

Geschichten, die sich leise weben,
Gedanken, die zusammen schweben,
Ein Knoten im Netz des Seins entsteht,
Wenn Schicksal seinen Faden dreht.

Tausend Wege, tausend Spuren,
In Zeitenfluss, durch Mauern, Muren,
Kein Schritt bleibt für sich allein,
Im Schicksalsreigen ganz verwoben sein.

So kreuzen sich des Lebens Pfade,
In Freude, Liebe, Leid und Gnade,
Von Schicksals Hand so zart geführt,
Das Leben wird zum Tanz verziert.

Ein Hauch von Ewigkeit

Im Dämmerlicht der Zeit entschwunden,
Ein sanfter Hauch, fast unbemerkt,
Die Ewigkeit hat uns gefunden,
Ein stilles Band, das innig wirkt.

Gefangen in des Mondes Scheine,
Die Sterne funkeln, leise spricht,
Die Nacht erzählt von fernen Zeine,
The time is now to set things right.

Im Herzen trägt man tiefe Träume,
Die Zeit, sie fließt, so still und weit,
Ein Hauch von Ewigkeit, es säume,
In uns, für alle Ewigkeit.

Die Seele streift durch alte Mythen,
Gelüfte tragen sie davon,
Wir fühlen, was die Ahnen litten,
Im Einklang mit dem Sein, zum Sonn'.

Klang der Stille

Wo Stille wohnt, da hör' ich dich,
Ein leiser Klang, so zart und weich,
Erzählt von Welten, die berühr'n mich,
Im leisen Hauch, ganz einzig, gleich.

Die Ruhe singt ihr stilles Lied,
In Echoes webt der Klang so fort,
Die Stille, die in Schönheit blüht,
Verzaubert Orte, jeden Ort.

Im Flüstern des entfernten Windes,
Hör ich die Stille sprechen laut,
Sie tanzt inmitten meiner Sünden,
Und lässt die Seele unbedraut.

Verborgen in der Stille Tiefen,
Ein Klang, der sachte in mir ruht,
In ew'gen Frieden will ich schliefen,
Die Stille meine Sehnsucht tut.

Im Bann der Augenblicke

Ein Blick, ein Moment, der still verweilt,
In ihm die Zeit sich sanft verneigt,
Die Gegenwart so reich und bildet,
Einen Augenblick, der niemals schweigt.

Im Bann der Zeit, die niemals eilt,
Der Augenblick, der zärtlich zeigt,
Die Schönheit, welche stets verweilt,
Als wär's die Sekunde, die sich neigt.

Ein Augenblick, in Liebe badend,
Gefangen im Jetzt, im reinen Glanz,
Wo Herzen sich in Zeit entladend,
Versinken sie im ew'gen Tanz.

Vorübergehend, doch intensiv,
Die Augenblicke, schier endlos schweben,
In ihnen lebt das Leben prägnativ,
Im ewigen Fluss des Lebens beben.

Zwei Schatten im Nebel

Zwei Schatten, sie gleiten durch dichten Nebel,
Hand in Hand, ins Ungewisse,
Geflüster verhallt, ein leises Rebel,
Die Welt um sie herum vergisse.

Sie wandern fort durch graue Schwaden,
Ein Bild von Liebe, leis und sacht,
Im Nebelmeer, zwei dunkle Maden,
Verborgen halten sie die Nacht.

Dich neben mir, ein stummer Reigen,
Wir tanzen in des Nebels Arm,
Zwei Schatten nur, in Lieb' geneigen,
Die Stille unsern Bund erwarm'.

Vereint im Grau, so schwer zu trennen,
Zusammen stark im matten Licht,
Zwei Schatten im Nebel bekennen,
Ihre Liebe erlischt im Dunkel nicht.

Im Puls der Städte

Gedränge, Lärm, die Lichter bunt und grell,
Im Rhythmus der Metropole Leben,
Wo jeder Tag verspricht ein neues Spiel,
In Stein und Stahl die Träume weben.

Hupen schallen, Menschenmassen schieben,
Durch Adern Straßen fließt der schnelle Puls,
Großstadtatem, stetig, ungetrieben,
Ein Tanz der Zeit, mal leise, mal im Sturz.

Cafés und Parks, die kleinen Oasen,
Ruhepunkte im urbanen Fluss,
Wo Seelen sich von Hast und Eile lösen,
Finden in der Stille ihren Schluss.

Doch wenn die Nacht den Mantel überspannt,
Erlischt der Tag in sanfter Dunkelheit,
Im Puls der Städte, festlich und charmant,
Träumt sich die Stadt in ihre Zweit.

Kaskaden der Intimität

Flüstern Lippen Geheimnisse so sacht,
In Kaskaden der Intimität,
Zwei Herzen, leise in der Nacht,
Ein Band, das zart im Innern geht.

Berührung, kaum zu spüren, sanft Bedacht,
Ein Blick, der seelentief versteht,
Gedanken, die in Stille Lautstark lachten,
In Intimität, die niemals vergeht.

Zaghaft schmiegen sich Hände aneinander,
Suchen Trost, Wärme, sinnlich zart,
Im Zwischenspiel der Finger, Worte wandern,
Geborgenheit, die sich im anderen offenbart.

So webt sich Nähe, dicht und unverkennbar,
Ein Puzzle, das nur diese Zwei vervollständigt,
Kaskaden der Intimität, unendlich denkbar,
Ein Universum, das sich inniglich in sich schmiegt.

Verflechtung im Zwielicht

Dämmerung legt sich auf die Stadt,
Lichte Schatten, flüchtend, stetig,
Verflechtung im Zwielicht, kaum erfasst,
Geheimnisse, stumm und reglos, trächtig.

Die Silhouetten alter Bäume wachen,
Formen Muster in der Abendsonne,
Ein letzter Strahl in hohem Bogen lacht dann,
Bevor die Nacht den Tag bezwönne.

Da flirren Gedanken wie Libellen,
Im Zwielicht tanzend, schwer zu fassen,
Erinnerungen, die sich mannigfaltig gesellen,
Ein Mosaik des Daseins, in Farben gegossen.

So webt das Zwielicht seine Sage,
Stets im Werden, niemals endend,
Verflechtung im Halbdunkel, ohne Klage,
Ein Bild, in Schönheit sich vollendend.

Irrlichter der Nähe

Nähe, ein flüchtiges Irrlichtspiel,
Durch das Dunkel der Einsamkeit,
Suchend nach der Herzen Ziel,
Ein Tanz um Wärme, Zweisamkeit.

Wie Irrlichter, die in der Nacht erscheinen,
Glimmen Hoffnungen auf verstohlen,
In den Schatten der Sehnsucht leinen,
Flackern Gefühle, wunschumwoben.

Zarte Begegnungen, kaum begonnen,
Schon im Nebelecho der Zeit verloren,
Als wären sie nie gewesen, zerronnen,
Bleiben nur Träume, ungeschoren.

Doch in den Momenten stiller Nähe,
Wo Irrlichter nicht mehr fliehen,
Da spürt man wahrhaft, was da geschehe,
Ein tiefes Band, das Herzen ziehen.

Unausgesprochene Worte

In stillen Momenten, ganz allein,
Zu offenbaren, was wir fühlen, fein.
Worte schweben, unerreichbar, so weit,
Gefangen in der Stille der Zweisamkeit.

Im Blick ein Funkeln, ein stummer Schrei,
Erzählt Geschichten, tief und treu.
Unausgesprochen, doch laut im Herz,
Ein stummes Echo des verborgenen Schmerz.

Verloren im Raum zwischen dir und mir,
Unausgesprochene Worte wirken hier.
Die Seelenflüsterer in der Nacht,
Haben leise unsere Brücke gemacht.

Gedanken, die im Verborgenen tanzen,
Sehnsuchtsvoll nach dem anderen sich ranzen.
Stille Gespräche, ohne ein Wort,
Binden uns an diesen magischen Ort.

Gefühlslandschaften

In des Herzens weiten Räumen,
Wo Gefühle sanft verträumen.
Landschaften voller Farbenpracht,
Innenwelten werden erwacht.

Berge hoch aus Leidenschaft gebaut,
Tiefseetaucher in der Sehnsucht getraut.
Wiesen der Freude, blühend, klar,
Nebel des Zweifels, unsichtbar, gar.

Flüsse aus Tränen, mal ruhig, mal wild,
Das Ufer der Hoffnung, liebevoll und mild.
Des Schicksals Wind treibt Wolken voran,
Daraus geformt, ein künftiger Plan.

Durch die Wüste der Einsamkeit allein,
Zum Ozean der Zweisamkeit, klein.
Im Sturm der Gefühle fest verankert,
In Gefühlslandschaften sicher geankert.

Im Wirbel der Emotionen

Wir tanzen im Wirbel der Emotionen wild,
Gedanken drehen sich, ungestillt.
Jeder Schritt eine neue Wendung,
Leben im steten Fluss der Veränderung.

Rausch der Gefühle, unkontrolliert,
Wo die Vernunft sich oft verliert.
Im Strudel des Lebens gefangen,
Sind wir von unseren Wünschen verlangen.

Herzklopfen, im Takt der Verwirrung,
Suchen wir nach Seelenberührung.
Glut im Inneren, kaum zu zähmen,
Versucht Leidenschaft neue Wege zu säumen.

Lachend, weinend, fühlend, echt,
Im Wirbel der Emotionen festgeblecht.
Mal himmelhoch jauchzend, zu Tode betrübt,
Es ist das Leben, das und liebt und schiebt.

Geteiltes Glück

Ein Lächeln, leise in die Welt gesandt,
Wird zum Echo in dem Anderen, verwandt.
Geteiltes Glück, es doppelt sich beim Geben,
Im Austausch der Gefühle liegt das wahre Leben.

Zwei Herzen im Gleichklang, ganz ungeniert,
Haben des Lebens Melodie neu intoniert.
Hand in Hand, ein gemeinsames Streben,
Geteiltes Glück, das ist wahres Leben.

In Momenten, wo die Stille spricht,
Zeigt sich das Glück im gemeinsamen Licht.
Augenblicke, kostbar und schick,
In der Zweisamkeit liegt geborgenes Glück.

So wachsen wir, durch Freude verbunden,
Auf dem Fundament, das wir gemeinsam gegründen.
Glück, in Harmonie geteilt und entfacht,
Hat die tiefste Verbindung uns gebracht.

Der Duft der Erinnerung

Ein Hauch von gestern weht herein,
Zart und süß, fast wie ein Schein.
Verborgen in der Lüfte Tanz,
Trägt er mich fort in den Erinnerungskranz.

In meinem Sinn, so schwer und voll,
Liegt dein Duft, und macht mich toll.
Er führt mich zu den alten Tagen,
Wo wir lachten, ohne viel zu sagen.

Vergangene Zeiten, nie wirklich fort,
Durch den Duft, am stillen Ort.
In der Seele tief eingeschlossen,
Sind jene Bilder nie verflossen.

Erinnerung, süß und auch bitter,
Ein paradoxer Seelensplitter.
Der Duft, ein Schlüssel zu dem Tor,
Zu allem, was ich liebend schwor.

Melodie unserer Seelen

In stiller Nacht, bei Mondenschein,
Hör ich die Melodie, ganz fein.
Sie spielt für uns, ein zartes Lied,
Das tief im Herzen nie verglüht.

Die Töne fließen, sanft und klar,
Erzählen von dem, was einmal war.
Uns're Seelen tanzten im Gleichklang,
Jede Note ein Liebesanfang.

Vergessen die Zeit, der Raum, das Jetzt,
Nur die Musik, die sich ins Herz setzt.
Sie führt uns zurück, in den Traum,
Wo unsere Seelen fanden ihren Raum.

Im Duett der Zweisamkeit,
Erklang das Lied der Ewigkeit.
Und immer, wenn die Nacht beginnt,
Singt sie leis', wie der Wind.

Stumme Dialoge

Blicke treffen sich, stumm und doch laut,
Jeder von Verständnis und Vertrauen gebaut.
Stille Gespräche, ohne ein Wort,
Schaffen einen unsichtbaren, seelischen Ort.

In der Ruhe liegt die wahre Kraft,
Die unsichtbar unsere Bindung schafft.
Stumme Dialoge, voller Gefühl,
Sagen mehr als tausend Worte, sind kein Spiel.

Augen, die sprechen, ein tiefer See,
Spiegeln die Seele, unendlich und steh.
Die Worte mögen fehlen, doch der Sinn bleibt klar,
In jedem stillen Augenblick, sind wir uns nah.

Im Schweigen, da hört man das Herz,
Es erzählt von Freude, von Schmerz.
Ohne ein Flüstern, ohne ein Schrei,
Versteht man sich, vollkommen und frei.

Wege im Halbdunkel

Schatten legen sich auf die Pfade,
Verdecken klar die einstigen Grade.
Wege im Halbdunkel, wohin sie führen?
Sollen sie uns zu neuen Ufern verführen?

Schritte hallen in der Dämmerung wider,
Vorwärts getragen, immer wieder.
Das Ziel verschleiert, doch die Hoffnung wacht,
Leitet uns sanft durch die Nacht.

Unsicher der Tritt in des Zweifels Licht,
Doch die Sehnsucht nach der Klarheit bricht.
Nicht alle Wege sind stets klar,
Manche Offenbarung scheint seltsam und rar.

Im Halbdunkel, wo die Schatten spielen,
Wird das Licht der Zukunft nicht gänzlich entziehen.
In jedem Schritt, trotz des Dämmerungs-Schleiers,
Finden wir Wege, werden zu Wegbereitern.

Windflüsterer

Der Wind, er trägt geheime Worte,
Über Berge, kühn und frei,
Er flüstert leis an jedem Orte,
Verbreitet Lieder, zart wie Seide.

Sanft streichelt er des Baumes Wipfel,
Er tanzt in Blättern, spielt mit Zweigen,
Erzählt Geschichten ohne Zipfel,
Ein Poet, der sich lässt nicht neigen.

Vom fernen Land bis zu den Dünen,
Ist er des Himmels alter Zeuge,
Er malt mit Wolken seine Tünen,
In seinem Hauch, da wohnt die Reue.

Und wo das Meer den Himmel küsst,
Da flüstert er am allerstärksten,
Er webt ins Haar der Wellen List,
Ein Windflüsterer in des Tages Zwielicht.

Raunen unter Sternen

Im Dunkel der Nacht, unter funkelnden Sternen,
Das Raunen beginnt, es fließt wie aus Fernen,
Ganz leise nur, doch voller Macht,
Trägt es die Träume durch die Schlafensnacht.

Geschichten erzählen die blinkenden Lichter,
Von Helden, von Schurken, von Liebesgedichtern,
Sie raunen von Zeiten weit entrückt,
Wo das Glück in stillen Momenten zuckt.

Sterne, sie schweigen und doch erzählen sie viel,
Von der Welt, wie sie war, und ihres Schicksals Spiel,
Sie flüstern Geheimnisse in die Seele hinein,
Unter dem großen, den unendlichen Schein.

So lass uns lauschen, was die Sterne verraten,
In ihren Mythen, ihren endlosen Satzketten,
Das Raunen unter Sternen, gleich einer Symphonie,
Verzaubert die Nacht, und die Herzen, die wiehern.

Geheime Zeichen

In den Linien der Hand, verborgene Wege,
Unsichtbare Pfade, geheimnisvolle Stege,
Deuten auf Zukunft, erzählen von dir,
Geheime Zeichen, ein stummer Hieroglyphenchor.

Augen blicken tief, lauschen der Welt,
Suchend nach Spuren, die im Verborgenen zählt,
Sie lesen die Worte, unsagbar und leis,
Die uns führen, versteckt, auf den wahren Reis'.

In des Mondes Licht, im Schatten der Nacht,
Da werden geheime Zeichen bedacht,
Geflüsterte Wünsche an die Sterne gesandt,
Ein Netz aus Träumen, im stillen verbannt.

Laub raschelt sacht in des Waldes Schoß,
Es zeichnet Geschichten, frei und los,
Bilder, die nur der Wind versteht,
Sind gezeichnet in für sie, die vorübergeht.

Wellenschlag der Herzen

Unsere Herzen, sie schlagen wie Wellen so klar,
In Rhythmen gebunden, ein pulsierend Paar,
Sie tanzen und springen, mitunter so wild,
Die Gefühle umarmen sich, innig und mild.

Ein Flüstern, ein Rauschen, ein tiefes Begehren,
Verloren im Ozean, voller Wunder und Ehren,
Wellenschlag der Herzen, ein ewiges Spiel,
Mit jedem Takt, spüren wir das Ziel.

In der Stille der Nacht, da hört man es schlagen,
Das Herz, unser Lied, voller Fragen, voller Klagen,
Doch im nächsten Moment, klingt es froh und sacht,
Ein Symphon der Liebe, durchdringt die Nacht.

Verschmelzen der Seelen im Einklang, im Reigen,
Unsre Herzen im Wellenschlag, können sie schweigen?
Lauschen dem Rhythmus, der uns sanft trägt,
Bis ans Ende der Zeit, wo die Liebe uns prägt.

Versprechen ohne Worte

In Blicken liegt ein leises Schwören,
Zwei Herzen, augenklar und rein,
Kein Wort kann je das Band betören,
Stumme Gelübde, fest - doch fein.

Gesten malen unser Begehren,
Zarte Berührungen, kaum gespürt,
Sie sind es, die uns leise lehren,
Was in der Stille laut passiert.

Zeichen, die ohne Laut uns binden,
Ein Vorschein dessen, was noch kommt,
In jedem Atemzug wir finden,
Die Zweisamkeit, die nie verrinnt.

Still, im Schweigen liegt das Versprechen,
Das unsere Seelen sanft berührt,
Das ohne Worte wird besprochen,
Und in die Ewigkeit uns führt.

Leidenschaft im Gleichklang

Mit jedem Takt, den unsere Herzen schlagen,
Die Leidenschaft im Gleichklang tanzt,
Es ist der Rhythmus, den wir wagen,
In dem sich unsere Lust entfacht.

Wie Feuerwerk in dunklen Nächten,
Ein Funkenregen, wild entfacht,
Wir, Sterne tanzend, voller Prachten,
In Leidenschaften bunter Macht.

Zwei Seelen, die im Takt sich wiegen,
Die Flamme lodert, zieht uns an,
Das Beben, das wir nicht besiegen,
Die Leidenschaft, die nie zerrann.

Die Melodie, sie wird uns leiten,
Durch Stürme hin zur Zärtlichkeit,
Im Einklang unsre Körper gleiten,
Am Horizont der Ewigkeit.

Lebenswege kreuzen sich

Auf Wegen, die sich einmal kreuzen,
Zwei Lebenspfade, still vereint,
Man mag es Zufall gerne deuten,
Doch es ist Schicksal, das erscheint.

Wir gehen Schritte, einzeln, leise,
Doch gemeinsam stark im Bund,
So manche Reise, voller Kreise,
Wird Teil des anderen Lebensgrund.

Die Wege, die sich einst getrennt,
Sie finden wieder sich im Licht,
Ein Band, das sanft die Zeit verbrennt,
Und in der Ferne Zukunft spricht.

Was Leben webt in seinen Fasern,
Ist mehr als nur ein flüchtig Sein,
Als Weggefährten, Lebensschwärmer,
Kreuzen wir uns - und sind nicht allein.

Im Rhythmus der Sehnsucht

Sehnsucht pulst im Herzschlag der Zeit,
Ein Rhythmus, tief und unergründet,
Er trägt uns fort in Weiten, weit,
Wo Liebe still und rein verkündet.

Die Melodie der leisen Stunden,
Sie spielt das Lied von Nähe, fern,
Wie Wellen, die am Strand verschwunden,
Im Rhythmus der Sehnsucht - ich hab dich gern.

In jeder Note, zart berührt,
In jedem Takt, voll Hingabe,
Ist es die Sehnsucht, die uns führt,
Durch Zeit und Raum zur Oase.

So tanzen wir im Mondenschein,
Die Herzen nah, die Welt so weit,
Im Rhythmus, der wird ewig sein,
Erfüllt von Liebe, durch die Zeit.

Farben des Zusammenklangs

In sanfter Harmonie vereint,
Die Melodie des Herzens scheint.
Farbenfroh und zart verwoben,
Im Einklang fließend, hoch erhoben.

Zusammenklang in Purpurrot,
Die Leidenschaft entfacht im Lot.
Im Grün der Hoffnung, tief und klar,
Die Seelen finden zueinander gar.

Ein Blau des Himmels, weit und rein,
Umhüllt uns sacht in seinem Schein.
Goldgelber Sonnenglanz umfasst,
Die Liebe, die uns fest umfasst.

Durch Farbenlieder, leis' und sacht,
Wird Dunkelheit zum Tag gemacht.
Das Mosaik des Lebens bunt,
Im Farbenklange, kerngesund.

Herbstlaub und Frühlingserwachen

Wenn Blätter tanzen, rot und gold,
Der Herbst, er malt, so kühn und bold.
Die Äste tragen schweren Schmuck,
Erzählen Sommerglück, Stück für Stück.

Doch hinter Nebelschleiern sacht,
Erwacht der Frühling, über Nacht.
Er sendet grüne Kunde aus,
Pflanzt neues Leben, weit hinaus.

Die Jahreszeiten Hand in Hand,
Ein steter Zyklus, wohlbekannt.
Im Herbst das Laub, im Frühling Tau,
Der Wechsel ewig, niemals grau.

Vom welken Blatt bis Knospen sprießen,
Die Erde will uns stets begrüßen.
In Wandel und Erneuerung,
Find't jede Seele ihre Schwingung.

Silhouetten im Dämmerlicht

Die Schatten längen sich im Licht,
Silhouetten, Gesichter nicht.
Im Dämmerkleid die Welt versteckt,
Von sanfter Dunkelheit bedeckt.

Gestalten flüstern durch die Nacht,
Als ob der Tag nur leise lacht.
Am Horizont das letzte Glüh'n,
Ein stilles Wissen, stet' im Flieh'n.

Konturen zeichnen sich scharf aus,
Bewegen leise sich zum Haus.
Das Zwielicht malt ein stilles Bild,
In Farben, die der Mond erfüllt.

Die Dämmerung, sie zieht ihr Band,
Verbindet sanft das Sternenland.
Im Schummerlicht die Welt verwandelt,
Der Tag in Nacht, ganz unverwandelt.

Echo unserer Seelen

In stillen Nächten, leise, weit,
Da klingt ein Echo, zart entzweit.
Es ruft von Seel' zu Seelen hin,
Ein zartes Band im Weltenwind.

Es spiegelt unser Innerstes,
So tief gelegt in stille Nester.
Ein Widerhall von Liebe, Pein,
Ein Klang, so echt und doch so rein.

In jedem Herz, ein Widerklang,
Ein Lebenslied, ein Seelengesang.
Das Echo unserer tiefsten Träume,
Verweht im Wind, wie Blütenräume.

Und finden wir den Klang im Leben,
Das Echo wird uns Antwort geben.
In Liebe, Freude, Leid und Schmerzen,
Verbindet es uns're Herzen.

Blickwechsel

Ein Blick, so scharf und doch so mild,
Geheimnisse in Stille gewoben,
Hält die Welt für einen Moment still,
Wie in tiefem Wasser oben.

Das Auge flüstert, Seele lauscht,
Unsichtbare Worte in der Luft,
Ein zweiter Blick, das Herz tauscht,
Die Gedanken fliegen in der Kluft.

Zwei Seelen treffen, stumm im Raum,
Gefühle tanzen, versteckt und bang,
Ein Dialog, still wie Morgentraum,
Wo Worte fehlen, ist Blick so lang.

Im Wechselblick, im sanften Spiel,
Entfalten sich die Seelen leise,
Der Augen Flüstern wird zum Ziel,
Stille Blicke sind ihre Weise.

Schattenspiel der Liebe

Im Dämmerlicht, so zart und schwach,
Tanzt Liebe's Schatten, flücht'ge Pracht,
Berühren sich, in stetem Nach,
Gefühle, die im Dunkeln wacht.

Ein Kuss, im Schatten sanft geborgt,
Versprechen, leis' im Mondenschein,
Wo Herz das Herz im Flüstern sorgt,
Da mag die Liebe ewig sein.

Doch Schatten fliehn beim Tageslicht,
Was echt und wahr, nun klar erkannt,
Im Schein der Sonne bricht das Nicht,
Wo Liebe einst den Traum umspannt.

So spielt der Schatten mit dem Herz,
In Nacht verwebt mit süßer Qual,
Verbirgt im Spiel der Liebe Schmerz,
Bis Sonnenaufgang endet die Wahl.

Weissagung der Herzen

In stiller Nacht, wenn Herzen sprech'n,
Die Zukunft flüstert sacht im Ech'n,
Das Pochen tief, verkündet Bahn,
Wo Wege sich im Dunkel nahn.

Ein Schlag, der leis' die Zeit bemalt,
Verspricht der Seelen tief' Verbindung,
Im Rhythmus, der sie stetig strahlt,
Weissagt von Liebe, starker Bindung.

Verborgen Wünsche, still gehofft,
Erklingen laut in Herzschlagtönen,
Wenn Schicksal seine Fäden knüpft,
Wird Zukunft in den Herzen wohnen.

Die Weissagung, im Puls versteckt,
Gibt Hoffnung, die uns leise trägt,
Dass jedes Herz das andre weckt,
Bis tiefe Liebe sich bewegt.

Verwobene Schicksale

Die Fäden des Lebens, verzweigt und verknüpft,
In Mustern, die keiner zu zeichnen vermag,
Schicksalsweber, ihre Hände so geschickt,
Ein Teppich des Daseins, in jedem Tag.

Begegnungen, Zufall? Oder kunstvoll gesponnen,
Verwebt in dem Stoff, den das Schicksal webt,
Jeder Knoten, ein Augenblick, unbesonnen,
Jedes Ende, ein Anfang, der weiterlebt.

Geschichten, die sich in die Ewigkeit strecken,
Fäden kreuzen sich, lösen sich, finden sich wieder,
Das Schicksal, ein Netz, das uns hält, uns wird decken,
Verwoben das Leben, in seinen Fliedern.

Ineinander verschlungen, so reich und so dicht,
Sind die Schicksale aller, im gleichen Gewebe,
Ein Muster aus Erfahrungen, Gesicht zu Gesicht,
Eine Welt, die sich dreht, wo jeder nach Streben.

Gefühle im Verborgenen

Tief in mir, ein verborg'ner See,
Mit Gefühlen so weich wie Schnee.
Sie ruh'n im Dunkel still und sacht,
In der Seelenschaft stiller Nacht.

Sacht strömt ein Flüstern durch das Herz,
Wie ein geheimes, süßes Schmerz.
Verborgene Wünsche sich regen,
Im Schattenreich leis' Wege pflügen.

Im Versteckten keimt leise Hoffnung,
Umhüllt vom Schweigens zarte Umfassung.
Gefühle, die nur die Stille kennt,
Als wären sie nie ans Licht gesandt.

Sie leben tief in mir, unerkannt,
Wie Samen, die im Dunkeln ruh'n.
Gib ihnen Zeit, gib ihnen Raum,
Und eines Tages blüh'n sie auf zum Traum.

Die Stille zwischen uns

Die Stille zwischen uns liegt schwer,
Wie Nebel über weitem Meer.
Zwischen Worten, unsichtbar verhangen,
Ein Abgrund, leise, mit Sehnsucht befangen.

Es spricht die Stille in eigener Sprach',
Zwischen den Blicken, in Zärtlichkeit erwacht.
Unausgesprochen, doch tief empfunden,
Haben unsere Seelen lautlos verbunden.

Doch in diesem Schweigen, so dicht und rein,
Finden uns're Herzen den Weg, allein.
Ein Band, das bindet, ohne zu erdrücken,
Es trägt die Liebe, ohne zu entzücken.

Das Stille zwischen uns, ein verborgener Klang,
Trägt in sich eine unerhörte Pracht.
Es flüstert uns Wahrheit, ohne ein Wort,
Vereint im Schweigen, an diesem stillen Ort.

Seelenpartner

Wir trafen uns in Traumes Weiten,
Zwei Seelen, die im Takt sich gleiten.
Ein Tanz der Sterne, leis' im Raum,
So fühlten wir den alten Traum.

Seelenpartner, Spiegelbild,
Geführt von einer Kraft, die stillt.
Durch Sturm und Stille, Tag und Nacht,
Ein unsichtbares Band, das wacht.

Das Herz, es kennt sein Gegenstück,
In deinem Blick mein eigenes Glück.
Verbunden tief in Raum und Zeit,
Uns trennt kein Schicksal, keine Weit'.

Gemeinsam schreiten wir den Pfad,
Durch Zeiten, die der andere hat.
Ein Bund, der über Ewigkeit,
Verspricht die Nähe, zweier Herze Leit'.

Gefährten durch die Zeit

Wir sind Gefährten, alt wie die Zeit,
Durch Jahre und Welten, in Ewigkeit.
Gezeichnet von Tagen, froh und schwer,
Uns're Freundschaft wächst, immer mehr.

Gemeinsam durch Stürme, durch ruhige See,
Uns trägt das Vertrauen, auf jeder Stee'.
Halt gebend, wenn der And'rer fällt,
Bist du mein Anker in dieser Welt.

In Momenten der Freude, in Momenten des Leids,
Teilen wir Lachen und die Tränen weit.
Unzertrennlich, in Gedanken vereint,
Eine Freundschaft, die durch die Zeiten scheint.

So gehen wir weiter, Hand in Hand,
Als Gefährten durch das ird'sche Land.
Was auch kommen mag, sei es auch so weit,
Bestehen wir zusammen, durch die Zeit.

Spiegelblicke

Im Spiegel die Seele, sie flüstert ganz leis',
Zwei Augen wie Sterne, so klar und so weis',
Der Blick tief verwurzelt in Sehnsucht und Traum,
Verrät unsrer Herzen verborgenen Raum.

Im Antlitz die Falten, von Zeit dort gemalt,
Erzählen Geschichten, sind Lieb' und auch Qual,
Ein Lächeln, ein Zittern umspielt den Mund,
Spiegelt das Leben, die vergang'ne Stund'.

Glas klart wie der Himmel, reflektiert den Schein,
Dein Spiegelblick sagt: Du bist niemals allein,
Gemeinsam die Wege, im Bilde vereint,
Ein Spiegel der Seele, wo Treue erscheint.

Die Schatten der Dunkelheit weichen zurück,
Das Spiegelbild leuchtet in stiller Entzück,
Wir erkennen uns selbst und den anderen darin,
Spiegelblicke, die zeigen, wo wir wirklich sind.

Tanz der Herzen

Ein Wirbel, ein Drehen, ein federndes Schweben,
Herzen im Takt, im Leben erbeben,
Die Melodie trägt uns auf Flügeln der Nacht,
Wo der Tanz der Herzen in Vollendung erwacht.

Im Einklang die Schritte, sie gleiten dahin,
Ein Reigen der Zuneigung, beginnt von Innen,
Harmonie und Liebe, das Band unsrer Seelen,
In tanzenden Herzen, lassen sich's erzählen.

Zwei Körper verbunden in rhythmischer Pose,
Mit jedem Schritt entspinnt sich eine Rose,
Blüten der Leidenschaft im Drehungenkleid,
Tanz der Herzen, ewige Zweisamkeit.

Die Musik verhallt, doch weiter schwingt der Takt,
In Herzen, die sehnend nach Nähe lechzt und lacht,
Still verharren wir in der Umarmungen Bogen,
Getanzte Versprechen, im Herzen verwoben.

Geflüster der Liebenden

Die Nacht senkt sich nieder, der Lärm entschwindet,
Geflüster der Liebenden, das zart beginnt,
Ein Hauch, ein Wort, so leise gesprochen,
Versprechen der Liebe, nie gebrochen.

Zwei Herzen im Einklang, sie suchen und finden,
Im Geflüster der Liebenden Worte, die binden,
Ein Blick, eine Berührung, kaum spürbar und doch,
Es ist die Sprache der Liebe, und sie lebt noch.

Zärtlich die Worte, sie treiben im Wind,
Erzählen von Sehnsuchten, beständig und lind,
Ein Flüstern, das umarmt, es hält fest, gibt Mut,
Geflüster der Liebenden, und alles wird gut.

Bis die Morgendämmerung die Nacht sanft weckt,
Ist es das Liebesgeflüster, das unsere Herzen bedeckt,
Eins mit dem Rhythmus der schlafenden Stadt,
Ist das Geflüster der Liebe ein unendlicher Schatz.

Sonnenaufgang zu zweit

Die ersten Strahlen berühren das Land,
Ein neuer Tag erwacht, Hand in Hand,
Am Horizont bricht sich das goldene Licht,
Sonnenaufgang zu zweit - ein stilles Gedicht.

Eng umschlungen stehen wir da,
Staunend über das Wunder, das uns widerfährt,
Der Himmel malt Bilder in Rot und in Blau,
Ein Moment der Ewigkeit, nur für mich und dich.

Das Morgengrauen, die Welt noch in Ruh',
Ein Versprechen beginnt, zart und so tru',
Die Wärme der Sonne, sie küsst uns sacht,
Sonnenaufgang zu zweit, der Beginn einer Macht.

Die Stille des Frühtaus, Perlen von Glanz,
In deinen Augen sich widerspiegelt ein Tanz,
Ein neuer Tag, eine Reise zu zweit,
Im Sonnenaufgang liegt unsere Zeit.

Verbundene Welten

Zwei Herzen im Einklang, weit, doch so nah,
Gedanken, sie reisen, als ob es ein Traum war.
Über Berge und Meere, durch Sturm und durch Wind,
Welten verbunden, durch unsichtbares Band, geschwind.

Gefühle fließen leise in des Aethers Saal,
Tauchen ein in die Tiefe, folgen dem Seelenstrahl.
Ein Flüstern durch die Zeit, zart und unbekannt,
In jedem von uns, ein unsichtbarer Pfad entspannt.

Das Band knüpft sich fester, ein Netz, unendlich weit,
Umspannt die Welt, durchdringt die Einsamkeit.
So sind wir verbunden, über Grenzen hinweg,
In Verbundener Welt, ein starker, gold'ner Zweck.

Durch Hoffnung getragen, durch Liebe genährt,
Wächst ein Geflecht, das uns zärtlich verehrt.
In der Verbundenheit leben wir endlich frei,
Ein Mosaik des Lebens, bunt und einerlei.

Zeitlose Augenblicke

In der Stille des Moments, im Ziffernblatt versteckt,
Stehn die Uhren still, die Gegenwart perfekt.
Ein tiefer Atemzug füllt die Welt mit Glanz,
Zeitlose Augenblicke, eingefangen im Tanz.

Die Sekunde dehnt sich, wird zur Ewigkeit,
Jeder Herzschlag ein Echo, in der Unendlichkeit.
Ein Blick, ein Lächeln, ruhend im Jetzt,
Zeit verliert Bedeutung, fühlt sich an wie ein Scherz.

Leise flüstert das Leben, zählt nicht Stunden noch Jahr,
In den Augen der Liebenden wird alles wunderbar.
Zeitlose Augenblicke, ein kostbares Band,
Verweben sich sanft, Hand in Hand.

So mag die Zeit rinnen, entfliehe sie geschwind,
In unseren Herzen bleibt, was wir wirklich sind.
Augenblicke, die zählen, sie bleiben bestehn',
Zeitlose Wunder, die niemals vergehn'.

Im Einklang der Seele

In der Tiefe des Herzens, ein leises Singen,
Klänge des Friedens, die zärtlich umschlingen.
Der Atem der Welt, so weich und so rein,
Im Einklang der Seele, will ich immer sein.

Gedanken, sie tanzen, auf leisen Sohlen,
Sie reichen sich Hände, lassen los, nichts wollen.
Im Wogen der Gefühle, zu Haus und doch fort,
Findet die Seele den schutzenden Ort.

Natur, sie spielt ihre sanfte Melodei,
Im Rhythmus des Lebens fühlt man sich frei.
Die Harmonie trägt, sie umhüllt und sie heilt,
Im Einklang der Seele, wird Sorgen entkeilt.

Jeder Moment, kostbar und klar,
Gibt uns der Seele Einklang dar.
Im Innern ruhend, nach außen so keck,
Leben im Einklang, das Fundament, das Steck.

Unter der Oberfläche

Unter der Oberfläche, da brodelt es leis',
Wo Wahrheit sich birgt, tief und weise.
Ein Ozean voll Geheimnis, verborgen im Sein,
Blickt man hinab, wird das Unsichtbare scheinen.

Nicht alles an Tag tritt, was wir empfinden,
Unter der Oberfläche wird sich's entzünden.
Dort schlummern Gedanken, die niemand sieht,
Gefühle, die flüstern: 'Vergiss mich doch nicht!'

Stille Wasser, sie sind tief, so sagt man oft,
Halten verborgen ein Schimmern, ganz sacht und so fort.
Schätze verborgen, Wünsche unklar,
Unter der Oberfläche, ist alles wahr.

Manchmal ein Riss in der glatten Fassade,
Deutet hinab in die schattige Gnade.
Dort, wo wir finden, was niemand gedacht,
Unter der Oberfläche, mit ungeahnter Macht.

Herzen im Zwiespalt

Zerrissen von Liebe, von Sorge getrieben,
Ein Kampf im Verborgenen, stetig und müh.
Wo Worte versagen, in Stille geblieben,
Findet sich Hoffnung in seelischer Rüh.

Gefühle im Wirbel, ein stürmischer Wind,
Herzen im Zwiespalt, verschlossen, verharrt.
Die Antwort verweht, wie Laub im Gesind,
Bleibt der Schmerz doch als stummer Gefährte gepaart.

Zwei Wege, verwoben, doch fern ihrer Spur,
Ein Rätsel, beschrieben in des Schicksals Handschrift.
Im Zwiespalt das Herz, unsicher die Kur,
So ringen wir still, bis die Zeit die Last lüft.

In Gedanken verloren, ein lautloses Flehn,
Suchen Herzen im Zwiespalt nach unentdeckter Bahn.
Schweigend hoffend, dass wir uns verstehn,
Im Zwielicht der Liebe beginnt ein neuer Tag' an.

Träume zu zweit

Hand in Hand, ein verschwiegener Schwur,
In Träume gewoben, nur wir zwei vereint.
Gemeinsam entrückt, in der Zukunftspur,
Ein Band, das in sanfte Ewigkeit scheint.

Unter Sternen gewandert, im Mondenschein badend,
Gemeinsame Träume als leuchtendes Ziel.
Durch Nachtflüstern schwebend, in Zweisamkeit wadend,
Die Welt außen vor, in unserem gemachten Spiel.

Vergessen die Sorgen, wir malen auf Leinwand,
Ein Bild unserer Träume, in gleißenden Farben.
Die Herzen im Takt, im Traume zugewandt,
Erleben wir Wunder, die niemals verstarben.

Der Morgen erwacht, trägt uns sanfte Gesänge,
Die Träume zu zweit, wie ein unsichtbarer Kleid.
In Zweisamkeit stark, fernab der Zwänge,
So leben wir Träume, die Ewigkeit bereit.

Verborgenes Verlangen

Im Dämmer der Sehnsucht, so heimlich, so still,
Verborgenes Verlangen, das niemand benennt.
Tief in des Herzen verborgenen Quill,
Da lodert ein Feuer, das keiner je kennt.

Im Schatten der Masken, ein zitterndes Lachen,
Ein Wunsch unerfüllt, in Stille geträumt.
Das Verlangen nach Nähe, um Härten zu brachen,
Ein Gefühl, das in des Mondes Licht schäumt.

Versteckt hinter Mauern, im Schweigen verharrt,
Die Sehnsucht, sie nagt, sie tanzt ihren Reigen.
In einsamen Stunden, so klar und so zart,
Das Verlangen nach Mehr lässt sich nicht verschweigen.

Doch wenn Blicke sich treffen, in flüchtigem Moment,
Entzündet das Verborgene ein leuchtendes Band.
Das Herz schlägt schneller, fast unbehement,
Im Verlangen geboren, ein unbekanntes Land.

Blicke über die Ufer

Weit spannen die Blicke über die Ufer,
Über strömende Wasser zu fernen Gestaden.
Sehnsucht treibt vorwärts, die Gedanken, sie schweifen,
Erkunden die Ferne, ohne Lasten, ohne Schaden.

Die Wellen umspielen die Säulen der Zeit,
Tragen Wünsche und Träume über Meeres Gesicht.
Blicke schweifen und suchen, in unendlicher Weit',
Nach Ufern, die liegen im verborgenen Licht.

Ein Flüstern der Winde, die Wogen, sie singen,
Von Welten, die liegen jenseits des Horizonts.
Blicke über die Ufer mit Hoffnung sie klingen,
Von Sehnsuchtsland, wo das Neue wohnt.

Am Ende des Tages, wenn das Glühen erlischt,
Und Schatten umfangen das Wasser, so weit.
Halten Blicke die Bilder, zart und unvermischt,
Von Ufern, die rufen nach neuer Gezeiten.

Unentdeckte Gefilde

In unentdeckten Gefilden verloren,
Wo wild die Geheimnisse ungesehen blühn,
Sanft hat die Stille den Traum auserkoren,
Und unter den Wipfeln die Mythen ziehn.

Fernab des Pfades, im Dunkel der Wälder,
Where unexplored fields lie remote and deep,
Liegt Wunder verborgen in grünenden Helder,
Im Dämmerschein wacht die Natur ihren Schlaf.

Dort flüstert der Wind von vergangenen Zeiten,
Trägt Weisen, die keinem Sterblichen bekannt,
Die Flüsse, sie murmeln von unbekannten Weiten,
Wo Magie und das Fabelwesen an Land.

Unberührt von der Zeit in endloser Ruh,
Harren Felder darauf, entdeckt zu sein,
Hintern den Nebeln erscheint die Sicht so trüb,
Doch birgt jene Stille das Wahrhaftigste Sein.

Halbmondflüstern

Wenn Halbmond am Himmelszelt flüstert leis,
Und Sterne zuhören in nächtlichem Kreis,
Versinkt all das Lautsein in sanfter Ruh,
Und in der Stille spricht die Nacht dazu.

Sie erzählt von Geheimen in silberner Pracht,
Von Träumen, gewoben in sternenklarer Nacht,
Wo das Flüstern sich wiegt im Zeitentanz,
Birgt jedes Schweigen eine neue Chance.

Das Licht des Halbmonds, so zart und rein,
Lädt die Seelen zum Tanz mit Schatten ein,
Jede Silhouette, ein Spiel von Licht und Dunkelheit,
Verbirgt ein Lied der Vergänglichkeit.

Unter dem Halbmond, in seiner stillen Wacht,
Wenig Licht birgt Gedanken so nachtschwarz und sacht,
Flüstern Sehnsüchte im Halbmondlicht,
Finden im Dämmer die Herzen ein Gedicht.

Feuer und Eis

Feuer und Eis, im Tanz vereint,
Entflammte Glut, die kühlt und weint,
Zwei Gegner, eine ewige Fehde,
In ihrem Griff, die Welt, sie bebt.

Flammenzungen lecken eisig Wind,
Wo Frost die Hitze zärtlich spinnt,
Ein Widerspiel von heiß und kalt,
Erzählt von Leidenschaft, uralt.

Im Herzen lodert das Begehr,
Von Eis umschlossen, schwer und mehr,
Entfacht im Innern, stets ein Streit,
Zwischen Feuerliebe und eisiger Gescheit.

Gefangen in des Schicksals Hand,
Wo Eis das Feuer stets verbannt,
Und doch so ineinander verwoben sie sind,
Erst im Zusammenspiel sie Ganzes find'.

Nähe im Abstand

In der Nähe, doch getrennt durch Raum,
Fühlen sich Herzen manchmal als wie im Traum,
Ein Abstand, der schmerzt, weil man sich vermisst,
Zeigt, dass wahre Nähe nicht messbar ist.

Hände, die strecken, durch virtuelle Welt,
Finden Wege, dass keine Distanz mehr zählt,
Im gleichen Himmel, unter gleicher Pracht,
Wird aneinander in Gedanken gedacht.

So sind wir verbunden, trotz Meilen dazwischen,
Keine Grenzen, die unsere Seelen vernichten,
Durch Worte, die reisen, durch Bildschirme blinken,
Lassen wir uns in Nähe versinken.

Abstand ist nur eine Zahl der Zeit,
Doch unsere Verbundenheit weit und breit,
Überwindet den Raum, in Gedanken ganz nah,
Weil ich in deinem Herzen immer da.

Herzbegegnungen

Zwei Herzen im Takt der Stille,
Begegnen sich in der Nacht,
Ein Blick, ein Flüstern, voller Wille,
Die Sehnsucht sanft erwacht.

In Augen tief, die Sterne tanzen,
Verloren sich zwei Seelen,
Gefunden in den leisen Schwanzen,
Lassen sie sich herzen, wählen.

Ein Hauch von Liebe, weich und warm,
Berührungen so zart und echt,
Versprechen leise, Arm in Arm,
Zwei Herzen, unzertrennlich, recht.

Sie teilen Freud, sie teilen Leid,
In Harmonie, im Lebensreigen,
Ergeben sich dem Herzgeleit,
Auf Pfade, die nach Hause zeigen.

Zwischen Himmel und Erde

Zwischen Himmel und Erde, weit,
Schweben Träume, schwerelos,
Die Seele fliegt, nimmt ihren Streit,
In Wolkenfort zu ruhen, bloß.

Hier oben, wo die Stille spricht,
Hört man des Windes sanfte Weise,
Gedanken leicht, Gewicht verpflicht,
Sie tanzen in der Lüfte Kreise.

Im Reigen der Unendlichkeit,
Ein Flüstern durch die Zeiten bricht,
Versunken in der Ewigkeit,
Das Herz dem Kosmos ein Gedicht.

Zwischen Himmel und Erde, so klar,
Das Leben zeichnet seine Spuren,
Vergänglich, doch für Augenblicke wahr,
Im Tanz der Welten, ohne Uhren.

Zweisamkeit im Einklang

Hand in Hand, Schritt um Schritt,
Zweisamkeit im Einklang geht,
Ein Lächeln, das den anderen trifft,
Die Harmonie, die stets besteht.

Geteiltes Glück, doppelt so schön,
In Eintracht lauschen sie dem Wind,
Gemeinsam stark, gemeinsam stehn,
Sie sind ein Bild, das Liebe bind't.

Mit jedem Tag, mit jeder Nacht,
Wächst mehr und mehr der Seelenchor,
Gefühle, die der andere macht,
Verweben sich zum Lebensflor.

Im gleichen Takt, im gleichen Klang,
Weht Zweisamkeit durch Zeit und Raum,
Und Liebe, ein lebenslanger Sang,
Wird ewig sein, ein gold'ner Traum.

Liebesflüstern im Mondlicht

Im Silberlicht des Mondes Schein,
Liebesworte leise wehen,
Zwei Herzen eng umschlungen sein,
In Nacht, die Sterne klar gesehen.

Der Abend küsst mit zartem Mund,
Und Schatten spielen auf den Wegen,
Ein Flüstern schwebt, ein süßer Bund,
Im Glanz des Mondes sanft gelegen.

Die Welt hält still, der Atem stockt,
Ein Liebesflüstern, leis und tiefe,
Durch Zauberblicke unverlockt,
Verspricht die Leidenschaft, die reife.

Und Hand in Hand, im Liebesrausch,
Das Flüstern wird zum Liede lauter,
Im Mondlicht findet Liebe ihren Brauch,
Schreibt in die Nacht die schönsten Psalter.

Unausgesprochenes Versprechen

Stille Worte, schwer wie Stein,
Von Lippen, die gefangen scheinen.
Ein Versprechen, leise, rein,
In Blicke tief, wo Sehnsucht weinen.

In der Dämmerung, stummes Fleh'n,
Herz an Herz, unsichtbar genäht.
Doch die Augen, sie versteh'n,
Was unausgesprochen stets besteht.

Bänder binden, unsichtbar, stark,
Geschworen unter Sternenschein.
Für die Liebe, durch das Dunkel, durch den Quark,
Ein stummes Gelübde, ewig und allein.

Worte ungesagt, doch klar erkannt,
Versprechen in der Stille geboren.
Gehalten fest in unsrer beider Hand,
Wie zwei Seelen, unzertrennlich auserkoren.

Lodernder Blick

Dein Blick so lodernd, wild und heiß,
Er trifft mich mitten ins Geschehen.
Er brennt durch meine Seele leis',
Lässt alle Kälte um mich vergehen.

Und funkensprühend, voller Kraft,
Zieht er mich in seinen Bann.
Ich stehe da, von Leidenschaft erfasst,
Gefangen im Feuer, das ich nicht fliehen kann.

In deinen Augen, Glut entfacht,
Ein Tanz der Flammen, endlos scheinend.
Sie spiegeln die Nacht, die leise lacht,
Ein Blick, so tief und unvergleichend.

Lass mich nicht los, halt mich ganz nah,
In deinem Feuer will ich verbrennen.
Bis nichts mehr bleibt, als Asche da,
Und wir uns im Funkensturm erkennen.

Im Schleier des Morgentaus

Im Schleier des Morgentaus geboren,
Die Welt erwacht, sacht ungeschmückt.
Die Blumen trinken, still erkoren,
Vom Tau, der sie im Licht entzückt.

Sanftes Erwachen, Grün so jung,
Früher Morgen, frisch und rein.
Die Vögel singen mit frohem Schwung,
Die Melodie des Tages beginn'in fein.

Die Sonne streichelt zarte Blätter,
Der Morgentau, ein Schmuck aus Perlen.
Das Herz, es schreibt unsichtbare Briefe,
In leisen Dampf, im Flüstern der Hügel'n.

Noch hält der Tag den Atem an,
Bis der letzte Tropfen fällt.
Im Morgentau, der Zauber begann,
Ein stiller Moment, der die Zeit erhellt.

Durch das Fenster der Zeit

Durch das Fenster der Zeit geblickt,
Erinn'rungen, die zart berühren.
Stumme Zeugen, längst verrückt,
Die zwischen Gestern und Morgen spüren.

Jede Falte, eine Geschichte,
Alte Mauern, sie erzählen still.
Vergangenheit im Lichtergewichte,
Ein Moment, der die Seele mit Wehmut füllt.

Steh'n hier am Rand der fließenden Sekunden,
Schau'n zurück, was gewesen war.
In den Echos, die wir gefunden,
Ein Leben so nah, doch unendlich fern, so klar.

Durch das Fenster der Zeit, ein Hauch,
Von dem was ist und jemals war.
Ein Lebenslauf, ein stetiger Brauch,
Im Fluss des Seins, so wunderbar.

Beschwörung der Nacht

Der Mond erhebt sich, silbern und hell,
Über Wälder und stille Seen,
Er beschwört die Nacht mit sanfter Macht,
In ihres Dunkels sanftem Schleier.

Sterne tanzen in nächtlicher Pracht,
Ein Funkeln in unendlicher Ferne,
Sie flüstern Geheimnisse durch die Nacht,
Und füllen die Leere mit Träume.

Kühler Wind streichelt leise das Land,
Trägt das Flüstern der Dunkelheit weiter,
Nachtgeister wandeln über den Strand,
In der Stille der nächtlichen Feier.

Dunkelheit fällt, ein weiches Bett,
Ruhe umfängt das müde Gemüt,
Die Welt hält inne, in steter Gebett,
Bis das Licht des Morgens erblüht.

Einklang der Strophen

Verse fließen wie Wasser im Fluss,
Finden Melodien in strömendem Reigen,
Harmonie wächst in einem sanften Kuss,
Verschmelzend in Einklangs Zeigen.

Jedes Wort, ein Pinselstrich fein,
Malt Gedanken in bunte Geschichten,
Die Strophen einladen zu verweilen ein,
In den Gefilden der poetischen Gerichte.

Klang der Sprache, so rein und klar,
Bogen und Welle in symphonischem Spiel,
Leitet die Seele, ob nah, ob fern,
Zum Einklang im strophischen Ziel.

So find' ich Frieden in der Poesie,
Im sanften Einklang der Verse,
Die mein Herz erfüllen mit Melodie,
Und meine Gedanken ganz versen.

Das Murmeln der Bäume

Blätter rauschen im Abendwind,
Flüstern Geschichten alt und neu,
Das Murmeln der Bäume, die sachte sind,
Verborgene Botschaft in tiefem Blau.

Ast an Ast, in inniger Umarmung liegt,
Wächst zusammen, was einst getrennt,
Ein Lied von einem Dasein wiegt,
Das der Natur wird leise geschenkt.

Wurzeln, fest im Erdreich verankert,
Tragen Zeugen vergangener Zeit,
Jede Rinde ist Geschichte, gemaltes Bild,
Von Sturm und Stille, Lust und Leid.

Das Murmeln der Bäume, ewiges Band,
Erzählt von Leben, lässt Herzen lauschen,
Zeitlose Weisheit, im Holze verbannt,
In jeder Jahreszeit sie neu zu entfachen.

Tanzende Schatten

Licht und Schatten im steten Spiel,
Tanzen sie leise auf grauen Wänden,
Flüchtigen Momenten ein sanftes Ziel,
In das sich die Formen der Nacht vollenden.

Sie wirbeln, schwingen in der Dämmerung,
Gebärden wild, dann wieder zart,
Im Schleier der Illusion so jung,
Wie ein Gemälde voll Anmut und Art.

Jeder Schatten, ein Tänzer in der Welt,
Erzählt eine Geschichte ganz ohne Wort,
Bewegung, die sich ins Dunkel gesellt,
Ein stummes Kabarett an ständigem Ort.

Tanzende Schatten, im Mondschein so hell,
Vergängliche Zeugen der schlafenden Stadt,
Im flüchtigen Tanz, so flink und schnell,
Bis das Morgenlicht sie leise erfasst.

In der Tiefe der Blicke

In Augen so tief wie das Meer,
Versunken wie Schiffe aus alter Zeit,
Geborgen Geheimnisse, niemals leer,
Spiegeln die Seele in Ewigkeit.

Jeder Blick birgt eine neue Welt,
Gefangen zwischen Traum und Wirklichkeit,
Geschichten, die man ohne Worte erzählt,
Blicke treffen sich, verlieren das Heut.

Tiefgründig das Schweigen, es erzählt so viel,
Ein Spiegel der Gedanken im klaren Spiel,
Stille Wasser, die tief sind und still,
Ein einziger Blick, der das Herz berührt und heilt.

Die Tiefe der Blicke, wie unerforscht sie erscheint,
Liegt doch im Einfachen oft das Erhabene vereint,
Ein Blick der Liebe, der Freundschaft zugleich,
In der Tiefe verbunden, bleiben wir reich.

Verstecktes Lächeln

Hinter einer Maske, zart und fein,
Verbirgt sich ein Lächeln, still und rein,
Unsichtbar für die, die eilig gehen,
Doch für das Herz steht es offen und schön.

Es zeichnet Wege aus Licht in der Nacht,
Durchbricht die Dunkelheit, sanft und sacht,
Ein flüchtiger Moment, leise und schmal,
Wie Sonnenschein auf winterlichem Strahl.

Das Lächeln verborgen, doch spürbar nahe,
Im Winde verweht, wie eine leise Sage,
Es trägt die Wärme in sich fort,
Ein unsichtbarer, doch strahlender Ort.

Wer das Versteckte im Herzen trägt,
Sieht es scheinen, wenn auch verlegt,
Ein Lächeln, das innen wohnt und wacht,
Kann leuchten in der dunkelsten Nacht.

Zwei Pfade im Morgenrot

Zwei Pfade, gewunden im Morgenrot,
Beleuchtet vom ersten Sonnenstrahl,
Sie führen fort aus der Dämmerung bloß,
Bereit für die Reise, voll Hoffnung und Wahl.

Der eine Weg weich, mit Blumen bestreut,
Er lockt mit der Leichtigkeit des Seins,
Während der andere, der Schicksal erneut,
Verspricht ein Abenteuer, nicht immer fein.

Die Pfade sich kreuzen, verschmelzen zu einem,
Und trennen sich wieder, wie Wellen im Meer,
Der Reisende staunend, betrachtet die Schemen,
Nimmt den Schritt voll Mut, immer mehr.

Im Morgenrot versprechen die Wege so viel,
Erfahrungen, Leben, Freude, auch Spiel,
Zwei Pfade, die leiten durch Zeit und Raum,
Bis abends das Abendrot glüht, wie ein Traum.

Spuren im Sand

Leise Schritte im weichen Sand,
Hinterlassen Spuren am stillen Strand,
Vom Wind getragen, sanft und sacht,
Ein stiller Zeuge der vergangenen Nacht.

Das Meer kommt näher, atmet ein und aus,
Löscht die Zeichen, macht das Land zu seinem Haus,
Doch jede Welle, die den Sand berührt,
Singt von Geschichten, die die Zeit umspült.

Die Spuren im Sand, vergänglich und klein,
Zeugen vom Sein und wieder Allein,
Verweht im Winde, des Schicksals Lauf,
Erzählen im Schweigen sich auf und aus.

Doch für einen Moment, klar und rein,
Erzählen sie die Geschichte einer Reise, ganz allein,
Ein Flüstern der Stille, im Sand ein Tanz,
Bis die Flut kommt und nimmt sie, in ihren Bann.

Das Rauschen des Seins

In leisen Wellen flüstert das Leben,
Die Zeit, sie webt fein und behutsam.
Ein Meer aus Momenten, unaufhörlich,
Streichelt sanft die Ufer der Existenz.

Von Ewigkeit zu Ewigkeit strömend,
Spürt die Seele das Rauschen des Seins.
Im Fluss der Unendlichkeit geborgen,
Erklingen die Geheimnisse, tief und rein.

Lausche still dem Wind der Vergänglichkeit,
Wie er durch die Blätter der Zeit weht.
Jedes Rascheln erzählt eine Geschichte,
Von Liebe, Schmerz, Freude und Leid.

Die Natur singt Lieder von Werden und Vergehen,
Angefüllt mit Weisheit, alt und unvergessen.
In diesem ewigen Rauschen finde ich mich,
Und begreife stumm, dass ich Teil davon bin.

Im Takt des Herzschlags

In der Stille der Nacht, klar und weit,
Ein Herzschlag hallt im Einklang der Zeit.
Jeder Schlag, ein Echo der Vergangenheit,
Ein Versprechen der Liebe, stets bereit.

Im Rhythmus der Stunde, leise und sacht,
Tanzt das Leben im Takt der Macht.
Mit jedem Pulsschlag, fest und klar,
Spürt man die Wahrheit, nah und wahr.

Durchdrungen von der Tiefe des Raums,
Windet sich das Schicksal aus goldenem Schaum.
Der Herzschlag, ein Kompass tief in mir,
Leitet durch Stürme und bringt mich zu dir.

Im Takt des Herzschlags, in Harmonie,
Finden zwei Seelen endlich Zweisamkeit.
Gemeinsam schlagen sie im gleichen Takt,
Ein Liebeslied, das dem Himmel verspricht.

Am Rande der Wirklichkeit

Am Rande der Wirklichkeit, dort, wo Träume wohnen,
Tanzend auf dem schmalen Grad der Illusion.
Reich an Farben, die in der Welt nicht zonen,
Flüchten Gedanken in die Freiheit ohne Fron.

Die Schatten wachsen lang in der Dämmerung,
Zeichnen Schemen, bunte Fabelwesen.
Ist das Real, oder nur ein Traum so jung,
Ein Spiel des Geistes, wild und unerlesen?

Die Grenzen verschwimmen, werden weich und weit,
Was einmal war, nun unwirklich scheint.
Im Raum zwischen den Welten, verliert sich die Zeit,
Wo die Logik schweigt und das Mystische ereint.

Die Wirklichkeit, ein schimmerndes Netz,
Am Rande gehalten von des Schicksals Hand.
In diesen Zwischenwelten findet das Herz das Gesetz,
Und versteht, was der Verstand niemals erkannt.

Zärtlichkeit im Abendrot

Wenn die Sonne sinkt, rotglühend, still und groß,
Bemalt den Himmel sanft, in warmem Farbentrotz.
Die Welt hüllt sich ein in Zärtlichkeit so sacht,
Im Abendrot, das leise die Nacht entfacht.

Die Blüten neigen sich dem Tag zum Abschied zu,
Im flüsternden Wind singt die Erde ihre Ruh.
Ein letzter Strahl, ein Kuss, der süß verweht,
Die Zärtlichkeit im Abendrot, die nie vergeht.

Die Stille spricht in Tönen, so innig und so rein,
Versinkt das Herz in Ruhe, darf einfach sein.
Versunken in das Leuchten, das den Himmel krönt,
Wird in der Abendröte Liebe neu versöhnt.

Das Dunkel naht, die Sterne nahen leise,
Die Nacht trägt weiter die Zärtlichkeit auf Reise.
Im Abendrot, da flüstern Träume sacht,
Von Stille und von Liebe, in der Nacht.

Printed in the USA
CPSIA information can be obtained
at www.ICGtesting.com
LVHW020229211123
764466LV00045B/395

9 789916 391846